AMOUR À FEU DOUX

PLATS MIJOTÉS RÉCONFORTANTS

SOLAR

40
35

UN MOMENT DE RÉCONFORT

Un plat qui mijote paisiblement à feu doux, des saveurs qui embaument petit à petit la maison, en faisant frétiller nos narines... C'est la promesse d'un délicieux moment de partage autour d'un plat réconfortant qui nous rappelle l'enfance ou nous emmène loin, très loin, vers des terres exotiques qui font rêver...

Nos mijotés cosy se déclinent en version salée, veggie, festive et sucrée, pour satisfaire toutes vos envies : lentilles au massala, pho vietnamien, linguine aux noix de saint-jacques, riz au lait et sauce chocolat noir, compote de fruits aux chouchous, crèmes renversées au citron...

AVEC COSY CUISINE, FAITES DE TOUTES LES OCCASIONS DU QUOTIDIEN DES MOMENTS DOUX ET SAVOUREUX !

SOMMAIRE

40
35

IRRÉSISTIBLES CLASSIQUES POUR SE RÉCHAUFFER

BŒUF BOURGUIGNON

POUR 4 PERSONNES

Préparation : 10 min
Cuisson : 2 h 40

850 g de bœuf coupé en gros cubes
1 cuil. à soupe d'huile d'olive
150 g de lardons
2 oignons émincés finement
1 gousse d'ail coupée en deux
1 bouquet garni
1 cuil. à soupe de farine
50 cl de vin rouge
1 cube de bouillon de bœuf
4 carottes coupées en grosses rondelles
2 brins de persil hachés
Sel, poivre

1 Faites revenir la viande avec l'huile dans une cocotte à feu vif pendant 3 minutes en remuant régulièrement.

2 Ajoutez les lardons, les oignons, l'ail et le bouquet garni, salez légèrement et poivrez.

3 Laissez cuire encore 3 minutes, en remuant de temps en temps.

4 Incorporez la farine et remuez 1 minute. Ajoutez le vin, le cube de bouillon et suffisamment d'eau pour couvrir la viande à hauteur.

5 Faites revenir à feu doux et à couvert pendant 1 h 45, en mélangeant de temps en temps. Ajoutez les carottes et poursuivez la cuisson 45 minutes à découvert, en remuant de temps en temps. Ajoutez un peu d'eau si nécessaire. Parsemez le plat de persil haché et servez.

Un plat réconfortant qui rappelle l'enfance et les grandes tablées familiales...

POULET FAÇON MARENGO

POUR 4 PERSONNES

Préparation : 10 min
Cuisson : 30 min

2 gousses d'ail
1 oignon
4 escalopes de poulet
2 carottes
1 cuil. à soupe d'huile d'olive
1 cuil. à soupe de farine
20 cl de vin blanc sec
1 cube de bouillon de volaille dégraissé
400 g de tomates concassées en boîte
200 g de champignons de Paris
Sel, poivre

1 Pelez et émincez l'ail et l'oignon. Coupez le poulet en cubes de 2 cm. Pelez les carottes et coupez-les en rondelles.

2 Dans une cocotte, faites chauffer l'huile d'olive et faites revenir le poulet à feu vif pendant 5 minutes environ en remuant. Ajoutez les carottes, l'ail et l'oignon. Faites revenir 3 minutes en remuant.

3 Saupoudrez de farine, remuez et versez le vin blanc. Laissez épaissir 1 minute puis ajoutez le cube de bouillon de volaille et les tomates concassées. Couvrez et laissez mijoter à feu doux 10 minutes.

4 Éliminez la partie terreuse du pied des champignons et ajoutez-les dans la cocotte. Couvrez et poursuivez la cuisson 10 minutes. Assaisonnez si nécessaire et servez avec des tagliatelles.

OSSO-BUCO DE LOTTE À LA BASQUAISE

POUR 4 PERSONNES

Préparation 15 minutes
Cuisson 30 minutes

1,2 kg de lotte
1 oignon
4 tomates grappe
1 poivron rouge
2 cuil. à soupe d'huile d'olive
1 bouquet garni
1 cube ou un sachet
de court-bouillon de poisson
Sel
Piment d'Espelette

1 Coupez la lotte en tronçons. Pelez l'oignon et émincez-le. Lavez les tomates, épépinez-les et coupez-les en morceaux. Lavez le poivron, coupez-le en deux, enlevez le cœur et les pépins et coupez-le en lamelles.

2 Dans une cocotte, faites chauffer l'huile d'olive et faites revenir les morceaux de lotte jusqu'à ce qu'ils soient dorés. Retirez-les de la cocotte.

3 À la place, faites revenir l'oignon dans la cocotte, puis ajoutez les tomates, le poivron, le bouquet garni et versez le court-bouillon. Assaisonnez en sel et en piment.

4 Laissez mijoter 15 minutes, puis ajoutez les morceaux de lotte dans la cocotte et laissez cuire encore 10 minutes.

Servi avec du riz, des pommes de terre cuites à la vapeur ou des tagliatelles fraîches, ce plat vous fera fondre de plaisir !

SAUCISSES EN ROUGAIL

POUR 4 PERSONNES

Préparation : 20 min
Cuisson : 15 min

240 g de riz blanc
1 concombre
1 yaourt nature
1 gousse d'ail
1 petit oignon
2 petites tomates
2 grosses saucisses fumées
3 cuil. à café d'huile d'olive
1 boîte de tomates concassées
1 cuil. à café de concentré de tomate
1 bouquet garni
1/2 cuil. à café de curcuma
1 piment oiseau
4 brins de persil
Piment d'Espelette
Sel, poivre

1 Rincez le riz et faites-le cuire dans une casserole d'eau bouillante salée.

2 Lavez et râpez le concombre puis, dans un bol, mélangez-le avec le yaourt nature. Ajoutez du sel, du poivre et le piment d'Espelette.

3 Pelez et hachez l'ail et l'oignon. Lavez les tomates, puis coupez-les en dés.

4 Coupez les saucisses en tranches de 2 cm et faites-les revenir à la poêle pendant 2 minutes avec l'ail, l'oignon et l'huile d'olive.

5 Versez dans une casserole les tomates fraîches, les tomates concassées, le concentré de tomate, le bouquet garni, le curcuma, le piment, puis ajoutez les saucisses. Recouvrez et laissez cuire à feu moyen pendant 10 minutes.

6 Disposez les saucisses dans les bols, ajoutez le riz, puis un peu de sauce yaourt/concombre. Parsemez de persil ciselé et servez !

BLANQUETTE DE VEAU

POUR 4 PERSONNES

Préparation : 10 min
Cuisson : 2 h

750 g de veau coupé en cubes
20 g de beurre
2 cuil. à soupe de farine
60 cl de bouillon de volaille
20 cl de vin blanc
1 gros oignon coupé en deux
1 bouquet garni
3 carottes pelées et coupées en rondelles
2 navets coupés en morceaux
100 g de champignons de Paris coupés en deux
150 g de crème fraîche
1 jaune d'œuf
Sel, poivre

1 Salez et poivrez la viande, puis faites-la revenir dans une cocotte avec le beurre jusqu'à ce qu'elle soit légèrement dorée. Saupoudrez de farine et remuez.

2 Versez le bouillon et le vin. Ajoutez l'oignon et le bouquet garni et faites cuire 1 heure, à feu moyen et à couvert.

3 Ajoutez les carottes et les navets et poursuivez la cuisson 45 minutes.

4 Ajoutez les champignons et laissez cuire encore 15 minutes.

5 Mélangez la crème et le jaune d'œuf.

6 Retirez la cocotte du feu. Ajoutez la crème à la sauce et mélangez.

SAUTÉ DE DINDE AUX CŒURS D'ARTICHAUT ET AUX FÈVES

POUR 5/6 PERSONNES

Préparation :30 min
Cuisson : 2 h 15

20 g de beurre
1 cuil. à soupe d'huile d'olive
1,5 kg de sauté de dinde
1 oignon
1 gousse d'ail
1 bouquet de thym frais
200 g de cœurs d'artichaut surgelés
500 g de haricots verts frais ou surgelés
100 g de fèves surgelées
Sel, poivre

1 Faites fondre le beurre avec l'huile dans une cocotte, faites dorer la viande de tous côtés, puis ajoutez et faites revenir l'oignon émincé et la gousse d'ail. Salez, poivrez, ajoutez le thym et un verre d'eau, couvrez et laissez mijoter 25 minutes à feu doux.

2 Pendant ce temps, dans une casserole, mettez de l'eau salée à bouillir et plongez-y les cœurs d'artichaut 10 minutes. Renouvelez l'opération avec les haricots verts frais ou surgelés de 10 à 20 minutes, selon leur grosseur et la texture souhaitée. Dans une autre casserole d'eau bouillante, plongez les fèves 5 minutes. Égouttez les légumes et réservez-les.

3 Ôtez la peau qui recouvre les fèves. Coupez les cœurs d'artichaut en quatre.

4 Ajoutez les haricots et les cœurs d'artichaut dans la cocotte et mélangez-les délicatement avec la viande. Laissez mijoter 20 minutes, ajoutez les fèves juste avant de servir.

VEAU AUX OLIVES

POUR 6 PERSONNES

Préparation : 30 min
Cuisson : 2 h 15

200 g d'olives vertes
1 kg d'épaule de veau sans os en morceaux
150 g de panzetta
3 cuil. à soupe d'huile
2 gousses d'ail
1 gros oignon
Farine
20 cl de vin blanc sec
1 cuil. à soupe de concentré de tomate
1 cuil. à café de graines d'anis
1 bouquet garni
12 petits oignons blancs
Sel, poivre

1 Ébouillantez les olives pendant 15 secondes, égouttez-les et dénoyautez-les. Faites revenir les morceaux de viande et la panzetta taillée en languettes dans une cocotte avec la moitié de l'huile chaude. Laissez dorer pendant 5 minutes, puis égouttez-les dans un plat. Réservez.

2 Videz l'excédent de graisse et faites revenir l'ail haché et l'oignon émincé dans le reste d'huile chaude, puis remettez la viande et les lardons. Mélangez, poudrez légèrement de farine, remuez pendant 2 minutes, puis versez le vin et un peu d'eau avec le concentré de tomate pour affleurer juste la viande.

3 Ajoutez ensuite les graines d'anis, le bouquet garni, salez et poivrez. Laissez mijoter à couvert pendant 1 heure en remuant de temps en temps. Ajoutez les petits oignons pelés et les olives. Mélangez et laissez cuire pendant 1 heure. Servez dans la cocotte après avoir retiré le bouquet garni.

La cuisson longue de ce plat rend le veau fondant et délicatement parfumé. Vous n'y résisterez pas !

PORÉE FUMÉE

POUR 6 PERSONNES

Préparation : 10 min
Cuisson : 1 h 30

1,25 kg de poireaux
2 oignons
3 carottes
1 cuil. à soupe de saindoux
200 g de lardons fumés
1,5 l de bouillon de bœuf
2 feuilles de laurier
6 pommes de terre
3 saucisses de Morteau
1 cuil. à soupe de persil ciselé
Sel, poivre

1 Supprimez les racines et l'extrémité dure des feuilles vertes des poireaux. Fendez-les en deux dans la longueur, lavez-les soigneusement sous l'eau courante, puis coupez-les en tronçons de 4 à 5 cm de long. Pelez puis émincez les oignons. Épluchez et lavez les carottes. Coupez-les en grosses rondelles.

2 Dans une cocotte, faites chauffer le saindoux à feu moyen. Faites-y revenir les oignons et les lardons 5 minutes en remuant. Ajoutez le bouillon, le laurier, les poireaux et les carottes. Portez à frémissement, salez très légèrement et poivrez. Laissez mijoter 1 heure à couvert.

3 Épluchez et lavez les pommes de terre. Coupez-les en quatre. Ajoutez-les dans la cocotte avec les saucisses de Morteau. Attendez la reprise des frémissements et poursuivez la cuisson 30 minutes.

4 Coupez les saucisses en rondelles épaisses. Avec une écumoire, transférez le contenu de la cocotte dans un plat creux. Ôtez le laurier. Répartissez les rondelles de saucisse sur les légumes. Arrosez d'un peu de bouillon et parsemez de persil. Servez la porée avec de la moutarde à l'ancienne et du beurre demi-sel, accompagnements traditionnels des saucisses de Morteau.

SOUPE DE POISSON EN BOUILLABAISSE

POUR 4 PERSONNES

Préparation : 15 min
Cuisson : 35 min

1 cuil. à soupe d'huile d'olive
1 oignon coupé en cubes
4 tiges de thym effeuillées
1 gousse d'ail hachée
1/4 de fenouil coupé en cubes
2 pommes de terre coupées en cubes
2 tomates coupées en cubes
200 g de tomates concassées
60 cl de fumet de poisson
12 pistils de safran
1 rouget coupé en tronçons
400 g de merlan coupé en tronçons
Sel, poivre

Pour accompagner
1 petit pot de rouille
8 tranches de baguette toastées

1 Chauffez l'huile d'olive dans une casserole et faites revenir l'oignon, le thym, l'ail et le fenouil 5 minutes, en remuant régulièrement.

2 Ajoutez les pommes de terre et laissez cuire 5 minutes à feu moyen et à couvert.

3 Ajoutez les tomates fraîches et les tomates concassées, le fumet de poisson et le safran, puis poursuivez la cuisson 12 minutes.

4 Ajoutez les morceaux de merlan et de rouget et poursuivez la cuisson 12 minutes de plus.

5 Salez, poivrez et servez accompagné de la rouille et des tranches de baguette toastées.

WATERZOÏ DE POISSONS

POUR 4 PERSONNES

Préparation : 10 min
Cuisson : 12 min

2 carottes
2 poireaux
1 oignon
2 branches de céleri
40 g de beurre
1 feuille de laurier
2 branches de thym
1 kg de poissons coupés en morceaux (sole, lotte, cabillaud, saumon)
10 cl de vin blanc
60 cl de fumet de poisson
20 cl de crème
Le jus de 1 citron
1 cuil. à café de sel
½ cuil. à café de poivre

1 Épluchez et émincez les carottes, les poireaux et l'oignon. Nettoyez et émincez les branches de céleri.

2 Mettez le robot cuiseur en mode « dorer » et faites-y fondre le beurre. Ajoutez l'oignon, le céleri, les carottes, les poireaux, la feuille de laurier et le thym, et laissez cuire 5 minutes.

3 Ajoutez les morceaux de poisson, le vin blanc et le fumet de poisson. Salez et poivrez. Faites cuire 7 minutes en mode sous pression.

4 Ajoutez la crème et le jus de citron, et servez aussitôt avec du riz parfumé ou des pommes de terre vapeur.

Un plat sain et cosy par excellence qui permet de varier les poissons et les légumes.

JOUE DE BŒUF À LA BIÈRE

POUR 6 PERSONNES

Préparation : 15 min
Cuisson : 2 h 30

30 g de saindoux
1,5 kg de joue de bœuf
6 oignons
3 gousses d'ail
1 pincée de farine
60 cl de bière brune
60 cl de bouillon de bœuf
1 cuil. à café de thym séché
1 feuille de laurier
Un peu de persil frais
Sel, poivre

1 Dans une cocotte, faites rissoler au saindoux la joue de bœuf coupée en tranches avec les oignons émincés. Quand le mélange est bien doré, ajoutez l'ail haché et poudrez de farine. Mélangez pendant 2 à 3 minutes, puis versez la bière et le bouillon.

2 Salez, poivrez, ajoutez le thym séché et le laurier, puis couvrez. Laissez mijoter doucement 2 h 15. Poudrez de persil haché et faites cuire encore quelques minutes avant de servir.

CHOWDER AU HADDOCK

POUR 4 PERSONNES

Préparation : 20 min
Cuisson : 30 min

40 cl de lait
40 cl de court-bouillon
400 g de haddock coupé en gros morceaux
1 oignon coupé en petits cubes
2 feuilles de laurier
20 g de beurre
600 g de pommes de terre pelées et coupées en morceaux
20 cl de crème liquide entière
Poivre
2 œufs durs coupés en petits cubes
1 bol de croûtons légèrement dorés

1 Portez le lait et le court-bouillon à ébullition dans une casserole. Plongez-y le haddock pour 3 minutes et sortez-le à l'aide d'une écumoire. Enlevez la peau et effeuillez-le, puis remettez-le dans la casserole.

2 Faites revenir l'oignon et le laurier dans le beurre dans une autre casserole, à feu moyen, pendant 5 minutes à couvert, en remuant régulièrement.

3 Ajoutez les pommes de terre et laissez cuire 5 minutes à couvert en remuant régulièrement.

4 Versez le liquide de cuisson du haddock et poursuivez la cuisson 12 minutes à couvert.

5 Ajoutez le haddock, poivrez, mélangez et prolongez la cuisson 3 minutes.

6 Versez la crème, mélangez et laissez cuire encore 1 minute.

7 Répartissez dans des bols ou des assiettes creuses et parsemez les œufs durs et les croûtons

POULARDE AU VIN JAUNE ET AUX MORILLES

POUR 4 PERSONNES

Préparation :20 min
Cuisson : 1 h 15
Trempage : 1 nuit

150 g de morilles séchées ou surgelées
40 g de beurre
1 cuil. à soupe d'huile
1 poularde coupée en morceaux
2 cuil. à soupe de farine
25 cl de vin jaune
500 g de crème fermière épaisse
Sel, poivre

Un équilibre de saveurs entre la chair parfumée de cette tendre volaille, le vin liquoreux et la richesse de la crème fermière de Normandie.

1 La veille, mettez les morilles séchées à tremper dans de l'eau chaude. Le jour même, égouttez-les puis séchez-les. Préchauffez le four à 180 °C (th. 6).

2 Dans une grande cocotte, faites chauffer le beurre et l'huile, ajoutez les morceaux de poularde et faites-les dorer de tous côtés. Salez, poivrez et saupoudrez de farine puis mélangez. Couvrez la cocotte et enfournez pour 45 minutes.

3 Sortez la cocotte du four, retirez les morceaux de poularde et ôtez toute la matière grasse. Versez le vin et à l'aide d'une cuillère en bois, grattez les sucs de cuisson. Incorporez la crème fermière et rectifiez l'assaisonnement. Remettez les morceaux de poularde, ajoutez les morilles et poursuivez la cuisson à feu très doux pendant 20 à 30 minutes en fonction de la fermeté de la poularde.

4 Accompagnez de mini-cocottes garnies d'une purée de pommes de terre maison et de haricots verts. Le reste du vin constituera un très bon accompagnement

5 Cette recette peut être réalisée avec un poulet de Bresse ou un excellent poulet fermier. Elle sera plus économique et tout aussi délicieuse.

STAUB

POULET AUX AUBERGINES ET COLOMBO

POUR 6 PERSONNES

Préparation : 15 min
Cuisson : 40 min

2 aubergines
1 oignon
1 gousse d'ail
3 cives
½ bouquet de coriandre
6 petites cuisses de poulet sans peau (coupées en deux au niveau de l'articulation)
2 cuil. à soupe d'huile d'olive
2 cuil. à soupe de poudre à colombo
1 pincée de thym
1 pincée de piment
1 citron vert
600 g de riz basmati cuit pour servir
Sel, poivre

1 Rincez et découpez les aubergines en petits dés. Pelez et hachez l'oignon et l'ail. Rincez les cives et la coriandre, émincez-les.

2 Faites revenir les cuisses de poulet à feu vif dans une cocotte avec l'huile d'olive, pendant 10 minutes, en les retournant plusieurs fois.

3 Disposez-les sur une assiette. Ajoutez l'oignon, l'ail, les aubergines et les cives dans la cocotte. Faites dorer 5 minutes sur feu moyen en remuant. Ajoutez 2 verres d'eau, le poulet, les épices à colombo, le thym et le piment.

4 Salez et poivrez, mélangez, couvrez et laissez mijoter 25 minutes. Arrosez de jus de citron vert en fin de cuisson.

5 Pendant que le plat mijote, faites cuire le riz une dizaine de minutes.

ARTICHAUTS À LA BARIGOULE

POUR 4 PERSONNES

Préparation : 30 min
Cuisson : 1 h 45

8 petits artichauts pointus
400 g de champignons de couche
4 cuil. à soupe de persil plat frais ciselé
100 g de lard gras
100 g de jambon cru
4 bardes de lard fines
2 cuil. à soupe d'huile d'olive
2 citrons
1 oignon
2 gousses d'ail
5 cl de vin blanc sec
Sel, poivre

1 Parez, lavez et faites blanchir les artichauts pendant 5 minutes. Égouttez-les et retirez le foin.

2 Lavez et émincez les champignons, mélangez-les avec le persil ciselé, le lard gras et le jambon cru hachés. Farcissez les artichauts avec cette préparation et enrobez-les avec une demi-barde de lard chacun. Ficelez-les, arrosez-les d'un filet d'huile et déposez dessus une rondelle de citron.

3 Dans un poêlon, faites revenir l'oignon et l'ail hachés avec un peu d'huile pendant 5 minutes, salez et poivrez, puis rangez les artichauts farcis dans le poêlon et faites cuire à découvert pendant 10 minutes.

4 Arrosez d'un mélange d'eau et de vin blanc pour qu'ils soient mouillés à mi-hauteur. Couvrez et laissez cuire très doucement pendant 1 h 30.

5 Déposez les artichauts dans un plat creux et déglacez le poêlon avec du jus de citron. Rectifiez l'assaisonnement et nappez les artichauts de cette sauce après avoir retiré la ficelle et la barde.

COLOMBO DE POISSON

POUR 6 PERSONNES

Préparation : 15 min
Cuisson : 40 min

750 g de poisson à chair ferme (colin, daurade, lieu, etc.) coupé en cubes
3 citrons
2 oignons
1 aubergine
1 cuil. à soupe d'huile d'olive
3 gousses d'ail
1 cuil. à soupe de poudre à colombo
1 cuil. à soupe de persil plat ciselé
2 branches de thym
200 g de riz basmati
Sel, poivre

1 Salez et poivrez les cubes de poisson, puis arrosez-les avec le jus de 1 citron. Réservez. Pelez et émincez les oignons.

2 Lavez l'aubergine, coupez-en les extrémités, puis taillez-la en dés.

3 Pendant ce temps, chauffez l'huile dans une cocotte à fond épais. Faites-y revenir les oignons et les gousses d'ail pelées et écrasées avec une pincée de sel jusqu'à ce qu'ils deviennent translucides, en remuant régulièrement. Saupoudrez de la moitié de la poudre à colombo, mélangez, puis versez le jus de l'un des citrons. Ajoutez le persil, le thym et les dés d'aubergine. Salez et poivrez. Couvrez et faites cuire 5 minutes avant d'ajouter les cubes de poisson, ainsi que le jus du dernier citron et le reste de la poudre à colombo. Couvrez et laissez mijoter 30 minutes, en mélangeant de temps en temps.

4 Pendant ce temps, faites cuire le riz à l'eau bouillante salée selon les indications portées sur le paquet, puis égouttez-le. Servez le poisson entouré de sauce, avec le riz à part.

40
35

PETITS MIJOTÉS 100 % COSY ET VEGGIE

PETITS POIS ET CŒURS DE LAITUE BRAISÉS

POUR 4 PERSONNES

Préparation : 15 min
Cuisson : 25 min

2 cœurs de laitue
1 carotte
1 oignon
1 cuil. à soupe d'huile d'olive
600 g de petits pois extra-fins surgelés
1 tablette de bouillon de légumes
1 brin de thym
1 feuille de laurier
1 brin d'estragon
1 pincée de paprika
Poivre

1 Rincez les cœurs de laitue, coupez-les en six, dans le sens de la hauteur. Pelez, rincez et émincez la carotte et l'oignon.

2 Faites fondre doucement dans une cocotte, sans colorer, avec l'huile, l'oignon, la carotte et la laitue, pendant 5 minutes. Ajoutez les petits pois surgelés, le bouillon, le thym, le laurier, l'estragon rincé.

3 Ajoutez un verre d'eau, poivrez et assaisonnez de paprika. Couvrez et laissez mijoter 20 minutes à feu très doux.

4 Retirez le thym, le laurier et l'estragon avant de servir.

N'hésitez pas à remplacer les petits pois par des fèves surgelées et pelées pour une déclinaison tout aussi savoureuse de ce plat !

RISOTTO DE CROZETS

POUR 4 PERSONNES

Préparation : 10 min
Cuisson : 13 min

200 g de champignons de Paris
1 oignon jaune
2 gousses d'ail
Huile d'olive
300 g de crozets
10 cl de vin blanc
1 pincée d'herbes de Provence
1 cube de bouillon de légumes
20 cl de crème de soja
6 cuil. à soupe de poudre
de noisettes ou d'amandes
Sel, poivre

1 Coupez le pied des champignons puis divisez-les en quatre. Épluchez et hachez l'oignon et l'ail.

2 Dans une casserole arrosée d'un filet d'huile d'olive, faites revenir l'oignon et l'ail pendant 3 minutes. Ajoutez les crozets, le vin, les herbes de Provence, le cube de bouillon et 80 cl d'eau.

3 Laissez mijoter 10 minutes. Ajoutez les champignons et prolongez la cuisson de 3 minutes.

4 Au moment de servir, ajoutez la crème de soja et la poudre de noisettes puis assaisonnez.

CASSOULET AUTREMENT

POUR 4 PERSONNES

Préparation : 10 min
Cuisson : 10 min

4 gousses d'ail
400 g de tofu fumé
2 branches de persil
Huile d'olive
1 bouquet garni
800 g de haricots blancs cuits au naturel
40 cl de sauce tomate
Sel, poivre

1 Épluchez et hachez l'ail. Coupez le tofu en morceaux. Ciselez le persil.

2 Dans une casserole, faites revenir l'ail avec un filet d'huile d'olive et le bouquet garni pendant 2 minutes.

3 Ajoutez les haricots avec leur jus, la sauce tomate et le tofu puis laissez mijoter 8 minutes.

4 Assaisonnez et saupoudrez de persil ciselé.

Envie de cosy régressif ? Recouvrez le plat de chapelure et faites-le gratiner au four avant de servir... Un délice !

BOURGUIGNON DE CAROTTES ET CHAMPIGNONS

POUR 4 PERSONNES

Préparation : 10 min
Cuisson : 30 min

800 g de carottes
3 gousses d'ail
8 oignons grelots
400 g de champignons de Paris
200 g de tofu fumé
2 cubes de bouillon de légumes
1 bouquet garni
1 cuil. à soupe de farine
1 bouteille de vin rouge
Sel, poivre

1 Épluchez les carottes, l'ail et les oignons. Coupez le pied des champignons. Coupez les carottes, les champignons et le tofu en gros morceaux.

2 Placez tous les ingrédients dans une casserole. Couvrez, portez à ébullition, baissez le feu et laissez mijoter 30 minutes.

3 Assaisonnez avant de servir.

SOUPE AU PISTOU

POUR 6 PERSONNES

Préparation : 25 min
Cuisson : 55 min

1 courgette
1 poivron rouge
3 tomates
1 poignée de haricots verts mange-tout
1 petite pomme de terre
1 oignon
1 gousse d'ail
1 cuil. à soupe d'huile d'olive
50 g de pâtes à potage
5 brins de basilic
Sel, poivre

1 Lavez la courgette, le poivron et les tomates, puis coupez-les en petits dés. Lavez les haricots, coupez-les en petits tronçons de 1 cm. Pelez et lavez la pomme de terre, puis coupez-la en petits dés. Pelez et émincez l'oignon et l'ail.

2 Faites chauffer l'huile dans une grande cocotte. Ajoutez l'ail et l'oignon, et faites dorer 5 minutes à feu doux. Versez ensuite tous les légumes et laissez revenir encore 5 minutes en remuant.

3 Mouillez avec 2 l d'eau, salez, poivrez et laissez mijoter à feu doux pendant 35 minutes. Augmentez l'ébullition et versez les pâtes. Faites cuire 10 minutes à petite ébullition.

4 Rincez le basilic, épongez-le délicatement, puis ciselez-le. Servez le potage bien chaud, assaisonné de basilic.

Multipliez les quantités et congelez votre potage pour l'hiver, en portions individuelles, avant d'ajouter les pâtes. Vous retrouverez avec bonheur ces saveurs estivales pendant les mois froids.

CHILI SIN CARNE AU CACAO

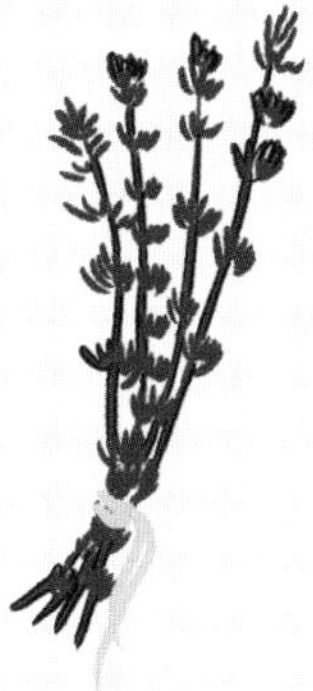

POUR 4 PERSONNES

Préparation 20 min
Cuisson 35 min

1 oignon jaune
2 gousses d'ail
1 branche de céleri
1 cuil. à soupe d'huile d'olive
1 cuil. à café de romarin séché
1 cuil. à café de thym séché
1 boîte de 400 g de haricots rouges
1 boîte de 400 g de haricots blancs
1 boîte de 400 g de pulpe de tomate
½ cuil. à soupe de paprika en poudre
1 cuil. à soupe de cacao maigre en poudre
1 cuil. à café de sel
¼ de cuil. à café de poivre

1 Épluchez et émincez finement l'oignon et les gousses d'ail. Hachez finement la branche de céleri.

2 Dans une sauteuse, faites chauffer l'huile d'olive sur feu moyen. Placez-y l'oignon, l'ail, le romarin, le thym et le céleri et faites revenir pendant 5 minutes en remuant.

3 Versez les haricots rouges et blancs égouttés, ainsi que la pulpe de tomate. Ajoutez le sel, le poivre, le paprika et le cacao.

4 Portez à frémissement et laissez mijoter pendant environ 30 minutes.

5 Servez bien chaud avec du quinoa ou du riz pour un plat encore plus complet.

CURRY DE CHOU-FLEUR

POUR 4 PERSONNES

Préparation : 10 min
Cuisson : 15 min

1 oignon jaune
2 gousses d'ail
1 morceau de gingembre de 5 cm
1 chou-fleur
Huile d'olive
40 cl de lait de coco
20 cl de sauce tomate
2 cuil. à soupe de curry en poudre
Sel
Piment en poudre

1 Épluchez et hachez l'oignon, l'ail et le gingembre. Coupez le chou-fleur en bouquets.

2 Dans une poêle arrosée d'un filet d'huile d'olive, faites revenir l'oignon, l'ail et le gingembre pendant 2 minutes. Ajoutez le chou-fleur et prolongez la cuisson de 3 minutes. Ajoutez enfin le lait de coco, la sauce tomate et le curry.

3 Laissez mijoter 10 minutes à feu doux. Assaisonnez de sel et de piment.

LÉGUMES
AU CURRY VERT

POUR 4 PERSONNES

Préparation : 15 min
Cuisson : 20 min

1 aubergine
1 courgette
2 tomates
1 patate douce
3 cives
1 cuil. à soupe d'huile d'olive
1 cuil. à café de curry vert
20 cl de lait de coco
Sel, poivre

1 Rincez et coupez l'aubergine, la courgette et les tomates en dés. Pelez, lavez et coupez la patate douce en dés. Rincez et hachez les cives.

2 Faites sauter les dés d'aubergine, de courgette, de patate douce et de tomate, ainsi que la moitié des cives hachées avec l'huile d'olive, en remuant, pendant 5 minutes. Ajoutez le curry vert et le lait de coco. Salez et poivrez. Laissez mijoter 15 minutes.

3 Décorez avec le reste des cives et servez bien chaud.

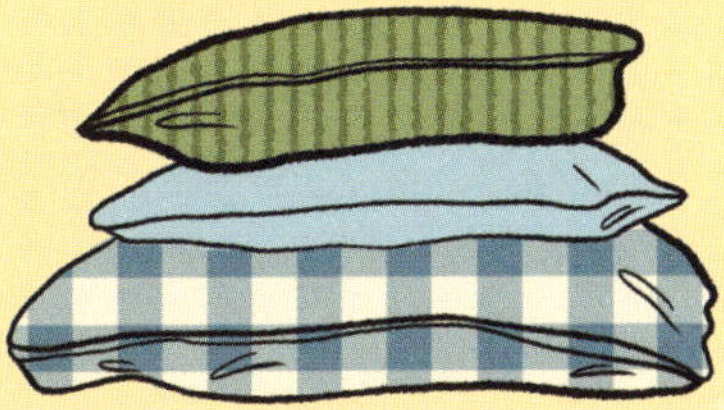

Pour une variante cosy et protéinée, vous pouvez ajouter des crevettes ou du tofu en fin de cuisson.

DAHL DE LENTILLES CORAIL

POUR 6 PERSONNES

Préparation : 15 min
Cuisson : 45 min

1 cube de 1 cm de gingembre frais
2 gousses d'ail
2 petits oignons
350 g de lentilles corail
2 cuil. à soupe d'huile de coco (ou d'olive)
1 cuil. à café de graines de cumin
2 cuil. à café de curry en poudre
½ cuil. à café de curcuma en poudre
400 g de tomates concassées en conserve
40 cl de lait de coco
Sel marin

Pour accompagner
225 g de riz basmati
Feuilles de coriandre
Citron
Yaourt grec

1 Pelez et coupez en tout petits morceaux le gingembre. Pelez, dégermez et hachez les gousses d'ail. Pelez et émincez les oignons. Rincez les lentilles corail à l'eau.

2 Dans une cocotte, faites chauffer l'huile et ajoutez-y les graines de cumin, le gingembre, l'oignon et l'ail. Faites revenir le tout, le temps que les oignons deviennent translucides. Ajoutez alors la poudre de curry et le curcuma et mélangez. Versez 50 cl d'eau, les tomates concassées et les lentilles et portez à ébullition. Laissez mijoter 20 minutes à couvert et à petit feu.

3 Versez le lait de coco, salez et poursuivez la cuisson jusqu'à ce que les lentilles soient bien cuites : elles sont crémeuses et se défont. Goûtez et rectifiez l'assaisonnement.

4 Servez le dahl de lentilles corail dans le plat de cuisson.

5 Pour un repas plus complet et encore plus savoureux, accompagnez le dahl de lentilles de riz basmati, de feuilles de coriandre ciselées, de quartiers de citron et de yaourt grec.

MIJOTÉ DE POMMES DE TERRE ET ÉPINARDS À LA CRÈME

POUR 4 PERSONNES

Préparation : 10 min
Cuisson : 20 min

500 g d'épinards
1 kg de pommes de terre
2 gousses d'ail
500 g de crème fraîche épaisse
15 cl de vin blanc sec
1 cuil. à soupe d'herbes de Provence
1 pincée de noix de muscade
100 g de feta
Sel, poivre

1 Équeutez les épinards. Épluchez les pommes de terre et l'ail. Coupez les pommes de terre en morceaux. Émincez les épinards et l'ail.

2 Versez les pommes de terre, l'ail, la crème, le vin blanc, les herbes de Provence et la noix de muscade dans une casserole. Faites mijoter 15 minutes en remuant de temps en temps.

3 Ajoutez les épinards, du sel, du poivre et prolongez la cuisson de 5 minutes.

4 Agrémentez de feta au dernier moment.

Une astuce cosy flemme ? Utilisez des pommes grenaille pour économiser le temps d'épluchage et de découpe !

SOUPE LAKSA

POUR 4 PERSONNES

Préparation : 25 min
Cuisson : 35 min

2 patates douces
2 courgettes
2 cuil. à soupe d'huile
2 cuil. à soupe de pâte de curry
1 piment
50 cl de lait de coco
50 g de vermicelles de riz
1 cuil. à soupe de basilic thaï
1 cuil. à soupe de feuilles de coriandre

1 Épluchez les patates douces et coupez-les en cubes. Coupez les courgettes en cubes.

2 Dans une casserole, chauffez l'huile et faites-y revenir les dés de patate douce et de courgette avec la pâte de curry et le piment pendant 10 minutes. Ajoutez le lait de coco et laissez mijoter 20 minutes. Ajoutez les vermicelles et laissez cuire 5 minutes supplémentaires.

3 Servez bien chaud avec des feuilles de basilic thaï et de coriandre.

ŒUFS PIPERADE

POUR 4 PERSONNES

Préparation : 10 min
Cuisson : 45 min

1 oignon
3 poivrons rouges ou verts
1 cuil. à soupe d'huile d'olive
400 g de pulpe de tomate en boîte
½ cuil. à café de piment d'Espelette
8 œufs
Sel, poivre

1 Pelez et émincez l'oignon. Lavez, épépinez et coupez les poivrons en lamelles.

2 Dans une poêle ou une sauteuse, faites revenir à feu vif l'oignon dans l'huile d'olive pendant 2 minutes. Ajoutez les poivrons et poursuivez la cuisson 3 minutes en remuant. Versez la pulpe de tomate, salez, poivrez, ajoutez le piment d'Espelette. Mélangez bien, baissez le feu, couvrez et laissez mijoter 30 minutes en remuant de temps en temps.

3 Cassez les œufs dans la piperade et laissez cuire 10 minutes environ. Si les œufs ne sont pas assez cuits, stoppez le feu et couvrez 2 à 3 minutes pour finir la cuisson. Salez, poivrez et servez.

LENTILLES AU MASSALA

POUR 4 PERSONNES

Préparation : 20 min
Cuisson : 45 min

1 oignon
1 gousse d'ail
2 tomates
1 petite aubergine
1 carotte
2 cuil. à soupe d'huile d'olive
150 g de lentilles blondes
1 cuil. à café de massala
150 g de riz
Sel, poivre

1 Pelez et émincez l'oignon et l'ail. Lavez les tomates et l'aubergine, puis coupez-les en très petits dés. Pelez la carotte, lavez-la et coupez-la en rondelles.

2 Versez l'huile dans une cocotte. Ajoutez l'oignon, l'ail et les dés d'aubergine. Laissez dorer 5 minutes à feu doux en remuant. Ajoutez ensuite les rondelles de carotte, les dés de tomate et les lentilles. Poivrez et ajoutez le massala. Couvrez d'eau et laissez mijoter pendant 40 minutes à feu très doux. Salez à mi-cuisson.

3 Pendant ce temps, faites cuire le riz à l'eau ou dans un rice-cooker pendant 18 minutes, puis gardez-le au chaud.

4 Rectifiez l'assaisonnement des lentilles. Servez-les très chaudes avec le riz.

Si vous ne trouvez pas de massala, pas de panique ! Vous pouvez le remplacer par du cumin, de la coriandre, du gingembre, de la cardamome et de la cannelle en poudre. Votre plat sera tout aussi succulent.

40
35

Saveurs du monde parfumées & réconfortantes

CHILI CON CARNE

POUR 6 PERSONNES

Préparation : 15 min
Cuisson : 1 h 15

8 cuil. à soupe d'huile d'olive
1 gros oignon haché
1 carotte coupée en petits dés
1 poivron rouge coupé en petits dés
1 poivron jaune coupé en petits dés
1 tomate épépinée et coupée en dés
1 gousse d'ail hachée
1 kg de viande de bœuf hachée
3 cuil. à café de poudre de cumin
1 boîte de pulpe de tomate
1 petite boîte de concentré de tomate
1 cuil. à soupe d'origan
½ cuil. à café de poudre de chili
30 cl de bouillon de bœuf
1 grosse boîte de haricots rouges
Quelques gouttes de Tabasco®
Sel, poivre

Pour accompagner
1 petit pot de crème fraîche
1 petite laitue
200 g de cheddar râpé
Fajitas

1 Versez 4 cuillerées à soupe d'huile d'olive dans une cocotte et faites revenir l'oignon, puis ajoutez tous les légumes et l'ail. Faites cuire 10 minutes en remuant puis réservez-les dans un plat.

2 Versez l'huile d'olive restante dans la cocotte et faites revenir la viande avec le cumin, en remuant. Versez la pulpe et le concentré de tomate, l'origan, la poudre de chili, les légumes réservés et le bouillon. Salez, poivrez et laissez cuire à découvert pendant 45 minutes : le bouillon doit s'évaporer.

3 Égouttez les haricots rouges et ajoutez-les dans la cocotte. Épicez plus ou moins le chili con carne en ajoutant quelques gouttes de Tabasco®. Laissez mijoter 20 minutes et servez votre chili accompagné de crème fraîche, de laitue coupée en lanières, de cheddar râpé et de fajitas tièdes.

Un plat familial qui se prépare à l'avance, juste épicé comme il faut…

OSSO-BUCO

POUR 6 PERSONNES

Préparation : 20 min
Cuisson : 1 h 10

50 g de beurre
1 cuil. à soupe d'huile
8 tranches épaisses de jarret de veau
2 oignons
1 gousse d'ail
1 morceau de sucre
1 cuil. à soupe de farine
20 cl de vin blanc
1 petite boîte de concentré de tomate
2 tomates
1 bouquet garni
1 os de veau
4 carottes
Sel, poivre

1 Faites fondre le beurre avec l'huile dans une cocotte, déposez les tranches de jarret afin de les faire dorer de tous côtés. Si la cocotte n'est pas assez grande, procédez en deux fois.

2 Remettez tous les morceaux de viande dans la cocotte, ajoutez les oignons et l'ail hachés, le morceau de sucre et la farine en pluie. Mélangez, versez le vin blanc, le concentré de tomate, les tomates coupées en six, le bouquet garni, les carottes épluchées et coupées en rondelles, le sel et le poivre, l'os de veau et enfin complétez avec de l'eau à hauteur de la viande.

3 Laissez mijoter à feu très doux et à couvert pendant 30 minutes, puis 30 minutes à découvert. Mélangez régulièrement. La sauce doit être savoureuse et avoir une texture ni trop liquide ni trop épaisse.

4 Ôtez l'os de veau et servez accompagné de pâtes ou d'une polenta crémeuse.

TAJINE D'AGNEAU ET DATTES FARCIES

POUR 4/5 PERSONNES

Préparation : 20 min
Cuisson : 1 h 35 à 1 h 50

6 cuil. à soupe d'huile d'olive
ou de tournesol
1,2 kg d'épaule d'agneau coupée
en gros dés
1 gros oignon haché
2 clous de girofle
2 bâtons de cannelle
1 cuil. à café de gingembre
en poudre
1 cuil. à café de ras-el-hanout
1 cuil. à café de curcuma
1 cuil. à café de cannelle en poudre
Quelques pistils de safran
1 cuil. à café de gros sel
3 cuil. à café de sucre semoule
250 g d'amandes mondées
8 dattes Medjoul
Sel, poivre

1 Mélangez les pistils de safran et le gros sel dans un petit pot, et mettez-les de côté. Versez 4 cuillerées d'huile dans le fond d'une cocotte et faites revenir la viande sur toutes ses faces. Ajoutez l'oignon, puis toutes les épices, le sel et le safran et mélangez le tout.

2 Recouvrez d'eau à hauteur de la viande et laissez mijoter à feu doux et à couvert, 30 minutes environ, puis ôtez le couvercle et prolongez la cuisson de 45 minutes à 1 heure.

3 Lorsque le jus a bien réduit, ajoutez 1 à 2 cuillerées à café de sucre semoule, mélangez et laissez mijoter une dizaine de minutes. La sauce doit être légèrement brillante et sirupeuse. Salez et poivrez à votre convenance puis maintenez au chaud.

4 Pendant la cuisson du tajine, faites légèrement dorer les amandes à la poêle dans 1 cuillerée à soupe d'huile, puis épongez-les dans du papier absorbant.

5 Dénoyautez les dattes et remplacez le noyau par une amande grillée. Versez l'huile restante dans une casserole, déposez les dattes farcies. Ajoutez 1 cuillerée à café de sucre et un peu de cannelle en poudre, mélangez rapidement sans laisser le temps de cuire pour donner aux dattes un aspect brillant.

6 Dressez la viande dans un plat à tajine et répartissez les dattes dessus. Accompagnez d'une semoule de couscous.

PINTADE EXOTIQUE AU MIEL ET À LA VANILLE

POUR 4 PERSONNES

Préparation : 20 min
Cuisson : 1 h
Marinade : 30 min à 1 h

2 cuil. à soupe de jus de citron jaune
2 cuil. à soupe de jus de citron vert
2 belles gousses de vanille de Tahiti
20 g de gingembre frais râpé
4 cuil. à soupe de miel
1 clou de girofle
1 piment rouge
1 belle pintade coupée en morceaux
40 g de beurre
1 cuil. à soupe d'huile
1 ananas Victoria
1 mangue
1 fruit de la Passion
1 cuil. à soupe de rhum
6 physalis (facultatif)
Sel, poivre

1 Dans un grand plat rectangulaire, mélangez le jus des citrons avec une gousse de vanille coupée en deux et grattée, le gingembre râpé, la moitié du miel, le clou de girofle, le piment émincé, le sel et le poivre. Faites-y macérer les morceaux de pintade 30 minutes à 1 heure. Préchauffez le four à 180 °C (th. 6).

2 Mettez la moitié du beurre avec l'huile à fondre dans une cocotte et faites dorer les morceaux de pintade, salez, poivrez, ajoutez la marinade, fermez la cocotte et enfournez pour 30 à 40 minutes. Pendant ce temps, épluchez les fruits, coupez la mangue, le fruit de la Passion et l'ananas en grosses tranches, puis recoupez les tranches d'ananas en deux.

3 Dans une sauteuse, faites fondre le reste de beurre, ajoutez les fruits, la gousse de vanille restante ouverte et grattée, le rhum et le reste du miel. Mélangez et laissez cuire 10 minutes à feu vif en remuant délicatement.

4 Ajoutez les fruits dans la cocotte avec la pintade et laissez au four encore 10 minutes.

5 Décorez avec les physalis.

6 Servez accompagné d'un riz nature ou d'un riz parfumé à la vanille dans lequel vous ajouterez quelques amandes grillées.

MIJOTÉ DE LÉGUMES À L'INDIENNE

POUR 4 PERSONNES

Préparation : 10 min
Cuisson : 30 min

1 chou-fleur
500 g de patates douces
1 morceau de gingembre de 5 cm
2 gousses d'ail
½ bouquet de coriandre
3 cuil. à soupe de pâte tandoori
40 cl de lait de coco
Piment en poudre
Sel

1 Coupez le chou-fleur en bouquets. Épluchez et coupez les patates douces en morceaux. Épluchez et hachez le gingembre et l'ail. Ciselez la coriandre.

2 Placez dans une casserole le chou-fleur, les patates douces, la pâte tandoori, le gingembre, l'ail et le lait de coco.

3 Laissez mijoter 30 minutes. Assaisonnez de sel et de piment. Décorez de coriandre.

Succombez à ce plat qui est une véritable invitation au voyage...

BOEUF STROGANOFF

POUR 4 PERSONNES

Préparation : 10 min
Cuisson : 1 h 05

1 cuil. à soupe d'huile de tournesol
2 gousses d'ail en chemise
1 oignon rouge pelé et coupé en cubes
800 g de gîte coupé en lamelles
5 cl de vin blanc
1 cube de bouillon de bœuf
300 g de champignons de Paris nettoyés et coupés en deux
1 cuil. à café de concentré de tomate
1 cuil. à café de paprika
2 cuil. à soupe de crème fraîche
Sel, poivre

1 Mettez l'huile, l'ail et l'oignon dans une cocotte et faites chauffer. Remuez de temps en temps à l'aide d'une cuillère en bois.

2 Ajoutez la viande et faites-la dorer 3 minutes en remuant régulièrement.

3 Versez le vin blanc, 10 cl d'eau, le cube de bouillon émietté, les champignons, le concentré de tomate et le paprika. Salez, poivrez, puis mélangez, couvrez et laissez cuire à feu doux pendant 1 heure.

4 Ajoutez alors la crème et mélangez une dernière fois avant de servir.

TAJINE DE VEAU AUX POIRES CARAMÉLISÉES

POUR 6 PERSONNES

Préparation : 30 min
Cuisson : 1 h 30

1 noisette de gingembre
1 pincée de pistils de safran
2 oignons
3 cuil. à soupe d'huile d'olive
1,5 kg de jarret de veau, coupé en morceaux
1 petit bouquet de coriandre
1 bâtonnet de cannelle
1,5 kg de poires bien fermes
3 cuil. à soupe de miel
Sel, poivre

1 Pelez et hachez finement le gingembre. Écrasez le safran avec un peu de sel. Épluchez et hachez les oignons, ou râpez-les. Puis faites-les fondre doucement dans une cocotte avec l'huile d'olive, en remuant souvent. Ajoutez le safran et le gingembre, et mélangez.

2 Posez les morceaux de veau dans la cocotte et laissez-les mijoter 5 à 10 minutes à feu modéré, en les retournant plusieurs fois pour bien imprégner la viande du mélange.

3 Ajoutez la coriandre et la cannelle, versez de l'eau à mi-hauteur de la viande, salez, poivrez et amenez à ébullition. Couvrez et faites cuire 1 heure 15 à feu doux.

4 Pendant ce temps, épluchez les poires et coupez-les en deux. Retirez le cœur et les pépins. Vérifiez que la viande est cuite et bien fondante. Retirez-la et maintenez-la au chaud dans un plat de service ou à tajine.

5 Mettez les poires dans la cocotte et poursuivez la cuisson 10 minutes à feu très doux. Ajoutez le miel et laissez mijoter en arrosant de temps en temps les poires, jusqu'à ce qu'elles soient tendres et que la sauce commence à caraméliser.

6 Disposez les poires sur la viande, versez la sauce et servez aussitôt.

TAJINE DE THON AUX ÉPICES DOUCES

POUR 4 À 6 PERSONNES

Préparation : 15 min
Marinade : 1 h
Cuisson : 45 min

1 cuil. à soupe de piment doux
1 cuil. à soupe de cumin moulu
1 cuil. à café de coriandre moulue
3 cuil. à soupe d'huile d'olive
1 tranche épaisse de thon, de 1 kg environ
70 g de gros raisins secs blonds
4 gros oignons blancs
1 cuil. à soupe de miel
1 cuil. à soupe de vinaigre de vin blanc
½ cuil. à café de cannelle moulue
Sel

Ce plat nous convie à un irrésistible moment de partage en famille ou entre amis.

1 Mélangez le piment, le cumin, la coriandre et 2 cuillerées à soupe d'huile d'olive dans un bol. À l'aide d'un pinceau, enduisez la tranche de thon de ces épices, des deux côtés. Laissez mariner 1 heure au réfrigérateur.

2 Faites tremper les raisins pendant 1 heure dans un grand bol d'eau bouillante. Égouttez-les. Épluchez et émincez finement les oignons.

3 Faites chauffer le reste de l'huile d'olive dans une cocotte ou un tajine et mettez les oignons à fondre à feu très doux, pendant 30 minutes environ, en couvrant et en remuant une ou deux fois. Si leur eau de végétation s'évapore trop rapidement en cours de cuisson, ajoutez de temps en temps un peu d'eau bouillante à la cuillère, pour qu'ils restent humides.

4 Ajoutez le miel, les raisins, le vinaigre et la cannelle. Salez et mélangez.

5 Glissez la tranche de thon dans les oignons, remettez le couvercle et laissez cuire encore 15 minutes à feu doux.

6 Servez dans le plat de cuisson. Retirez la peau du thon avant de le découper.

TAJINE AUX PETITS POIS ET AUX ARTICHAUTS

POUR 6 PERSONNES

Préparation : 20 min
Cuisson : 50 min

1 kg de viande de veau
12 cl d'huile d'olive
1 gros oignon
2 gousses d'ail
½ cuil. à café de gingembre en poudre
½ cuil. à café de poivre
1 cuil. à café de curcuma en poudre
Quelques pistils de safran (facultatif)
1 citron confit au sel
500 g de petits pois écossés
500 g de fonds d'artichaut
1 cuil. à café de sel
3 cuil. à soupe d'un mélange de coriandre et persil ciselés
Sel, poivre

1 Mettez les morceaux de viande dans une cocotte avec l'huile, l'oignon émincé, les gousses d'ail écrasées et toutes les épices. Laissez mijoter à feu moyen quelques minutes en remuant régulièrement. Mouillez ensuite avec de l'eau : la viande doit être presque couverte. Couvrez et laissez cuire 30 minutes, jusqu'à ce que la viande soit tendre.

2 Une fois la viande cuite, retirez-la de la cocotte et mettez à la place le citron confit, les petits pois et les fonds d'artichaut. Salez et poivrez selon le goût, ajoutez la coriandre et le persil ciselés, éventuellement un peu d'eau. Couvrez et laissez mijoter 15 à 20 minutes, jusqu'à ce que les cœurs d'artichaut soient tendres.

3 S'il reste beaucoup de sauce, retirez le couvercle et laissez réduire.

4 Servez le tajine accompagné d'un bon pain maison.

ONE POT PASTA DE PIPE RIGATE AU SAUMON ET CURRY

POUR 4 PERSONNES

Préparation : 10 min
Cuisson : 15 à 20 min

320 g de pipe rigate
320 g de saumon coupé en cubes
1 oignon rouge émincé
½ poivron vert épépiné et coupé en cubes
½ poivron rouge épépiné et coupé en cubes
1 gousse d'ail coupée en deux
1 cuil. à café de curry en poudre
Sel, poivre

1 Mettez tous les ingrédients dans une cocotte, salez et poivrez à votre goût.

2 Versez 90 cl d'eau. Portez à ébullition, puis baissez le feu.

3 Laissez cuire 15 minutes environ à découvert en remuant régulièrement. N'hésitez pas à ajouter un peu de liquide et à prolonger la cuisson si nécessaire.

HARIRA

POUR 4 PERSONNES

Préparation : 20 min
Cuisson : 40 min

1 carotte
1 pomme de terre
1 courgette
1 tomate
1 oignon
150 g de bœuf type bavette
10 brins de coriandre
10 brins de persil
3 cuil. à soupe de concentré de tomate
2 cuil. à soupe de pois chiches en boîte
1 cube de bouillon de bœuf
1 cuil. à soupe de ras el-hanout
1 dose de safran
Sel, poivre

1 Pelez la carotte et la pomme de terre. Lavez-les et coupez-les en dés. Lavez la courgette et la tomate et coupez-les en dés. Pelez et émincez l'oignon. Coupez la viande en cubes de 2 cm. Ciselez la coriandre et le persil.

2 Disposez tous les légumes dans la cuve du rice cooker avec la viande, le concentré de tomate, les pois chiches, le cube de bouillon, le ras el-hanout, le safran, le persil et les ¾ de la coriandre. Versez 1 litre d'eau. Salez et poivrez. Fermez le couvercle et allumez le rice cooker. Laissez cuire 40 minutes.

3 Servez dans des assiettes creuses et parsemez du reste de coriandre ciselée.

Une envie subite de bon mijoté exotique et réconfortant ?
Rien de tel que ce plat qui se prépare et cuit rapidement !

ARROZ DE MARISCO

POUR 4 PERSONNES

Préparation : 25 min
Trempage : 1 h
Cuisson : 25 min

400 g de moules
400 g de palourdes
Gros sel
2 oignons
3 gousses d'ail
2 feuilles de laurier
1 boîte de tomates concassées
1 cuil. à soupe d'huile d'olive
240 g de riz
10 cl de vin blanc
400 g de crevettes cuites
3 pinces de crabe cuites
1 botte de coriandre
1 pincée de sel
1 pincée de poivre

1 Faites tremper les moules et les palourdes dans de l'eau froide avec du gros sel pendant 1 heure. Cette opération a pour but de faire dégorger les moules et les palourdes du sable qu'elles peuvent contenir.

2 Rincez les moules et les palourdes, puis égouttez-les. Épluchez et hachez les oignons et les gousses d'ail.

3 Faites revenir dans une grande casserole les oignons, l'ail, le laurier et les tomates concassées dans l'huile d'olive. Laissez mijoter 5 minutes environ. Ajoutez le riz, laissez mijoter 5 minutes, puis ajoutez le vin blanc. Remuez la préparation, puis recouvrez-la d'eau bouillante.

4 Attendez que le riz ait absorbé l'eau, puis ajoutez les fruits de mer. La cuisson est terminée lorsque les moules et les palourdes se sont ouvertes.

5 Assaisonnez avec du sel et du poivre, puis saupoudrez le plat de coriandre hachée avant de servir.

TAJINE DE LIEU AUX POIVRONS ET AU PIMENT

POUR 4 PERSONNES

Préparation : 20 min
Marinade : 4 h
Cuisson : 40 min

3 oignons
4 tomates
4 poivrons rouges
2 piments rouges
800 g de darnes de lieu
4 cuil. à soupe de chermoula
3 cuil. à soupe d'huile d'olive
4 cuil. à soupe de coriandre fraîche ciselée

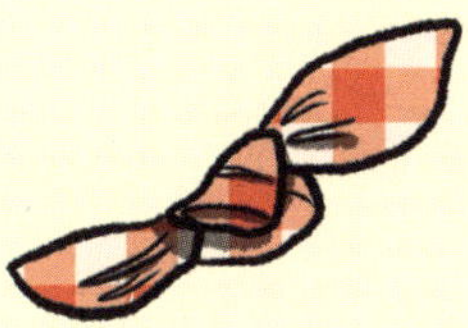

1 Pelez et émincez les oignons. Ébouillantez, pelez et concassez les tomates. Lavez les poivrons et les piments, fendez-les en deux et éliminez les pépins. Émincez-les très finement. Coupez le poisson en morceaux.

2 Mettez les morceaux de poisson dans un plat creux et versez la chermoula dessus, retournez les morceaux dedans, couvrez et laissez mariner à couvert au frais pendant 4 heures environ.

3 Faites chauffer 1 cuillerée à soupe d'huile dans un tajine allant au feu. Mettez les oignons et faites-les revenir doucement. Ajoutez les morceaux de poisson avec leur marinade. Recouvrez-les avec les poivrons. Arrosez d'une autre cuillerée à soupe d'huile. Couvrez et faites mijoter doucement pendant 20 minutes, en intercalant un diffuseur. Ajoutez ensuite les piments avec le reste d'huile et faites mijoter pendant encore 20 minutes.

4 Lorsque le liquide de cuisson est presque complètement réduit, ajoutez la coriandre fraîche. Laissez reposer pendant 3 minutes hors du feu et servez.

ONE PAN PASTA TIKKA-COCO

POUR 4 PERSONNES

Préparation : 10 min
Cuisson : 8 à 10 min

2 gousses d'ail
1 poivron
2 escalopes de poulet
1 bouquet de coriandre
300 g de funghini n° 96
de Cecco®
20 cl de lait de coco
400 g de sauce tikka ou korma

1 Épluchez et hachez l'ail. Lavez le poivron, ôtez le pédoncule, retirez les graines et coupez-le en lanières. Détaillez les escalopes de poulet en petits dés. Lavez la coriandre, coupez les tiges et hachez grossièrement les feuilles ; conservez quelques feuilles pour le décor.

2 Dans une grande casserole ou un faitout, réunissez tous les ingrédients avec 50 cl d'eau.

3 Faites cuire, sans couvrir, à feu moyen et mélangez constamment jusqu'à ce que les pâtes soient cuites (8 à 10 minutes).

4 Versez les pâtes dans un plat, décorez de quelques feuilles de coriandre et dégustez aussitôt.

Succombez à la délicatesse du lait de coco dans ce mijoté aux saveurs typiquement indiennes… À décliner également avec des crevettes crues décortiquées.

PHO VIETNAMIEN

POUR 6 PERSONNES

Préparation : 20 min
Cuisson : 2 h 50

600 g de plat de côtes
1 gros oignon
30 g de racine de gingembre
3 étoiles de badiane (anis étoilé)
3 clous de girofle
1 bâton de cannelle
250 g de nouilles de riz
1 bouquet de coriandre
6 ciboules (ou 1 botte de ciboulette)
400 g de filet de boeuf
Nuoc-mâm
6 branches de basilic
6 branches de menthe
1 piment allongé (vert ou rouge)
3 citrons verts
Poivre

Au Vietnam, cette spécialité se consomme à toute heure de la journée : petit déjeuner, déjeuner, dîner, en-cas... Au royaume du cosy, il n'y a pas d'heure pour se faire plaisir !

1 Mettez le plat de côtes dans un faitout. Ajoutez 3 litres d'eau froide et portez à ébullition. Laissez frémir 10 minutes en écumant.

2 Allumez le gril du four. Épluchez l'oignon et le gingembre. Coupez-les en rondelles. Disposez-les côte à côte sur une plaque et glissez-les sous le gril. Laissez-les griller jusqu'à obtenir une intense coloration dorée, sans les laisser brûler. Ajoutez-les dans le faitout. Couvrez aux trois quarts et laissez frémir 1 h 30. Ajoutez la badiane, les clous de girofle et la cannelle. Poursuivez la cuisson 1 heure.

3 Faites cuire les nouilles selon les indications portées sur l'emballage, puis égouttez-les. Lavez et essorez la coriandre. Supprimez ses plus grosses tiges et ciselez finement le reste. Rincez et émincez les ciboules.

4 Sortez la viande du bouillon. Coupez-la en lamelles très fines ainsi que le filet cru. Filtrez le bouillon de cuisson. Assaisonnez-le à votre goût avec de 1 à 3 cuillerées à soupe de nuoc-mâm et du poivre. Portez-le à ébullition.

5 Rincez et essorez le basilic et la menthe. Rincez, épongez et émincez finement le piment. Coupez les citrons verts en quatre.

6 Répartissez les nouilles dans six grands bols, puis, dessus et dans l'ordre, les lamelles de viande cuite, celles de viande crue, la coriandre et les ciboules. Arrosez du bouillon bouillant. Laissez reposer 2 minutes et servez, avec le basilic, la menthe, le piment et les citrons à part : chacun en ajoutera dans son bol à son gré.

ONE POT PASTA DE LA MER

POUR 4 PERSONNES

Préparation : 3 min
Cuisson : 15 min

320 g de minipipe rigate
300 g de cocktail de fruits de mer surgelé
8 gambas décortiquées surgelées
3 tiges de persil hachées
4 branches de thym
3 feuilles de laurier
2 cuil. à soupe de crème fraîche
Sel, poivre

1 Mettez tous les ingrédients, sauf la crème, dans une cocotte, portez à ébullition, puis baissez le feu. Salez et poivrez à votre goût.

2 Laissez cuire 15 minutes environ à découvert en remuant régulièrement. Si nécessaire, ajoutez un peu de liquide et prolongez la cuisson.

3 À la fin de la cuisson, ajoutez la crème et mélangez.

Rien ne vaut un bon plat cosy ultra-rapide à préparer et à cuire ! Vous pouvez décliner cette recette avec de la viande ou d'autres produits de la mer, pour encore plus de gourmandise.

STAUB
STAUB

40
35

MIJOTÉS À PARTAGER UN SOIR DE FÊTE

MINI-COCOTTES DE FOIE GRAS AUX FIGUES

POUR 4 PERSONNES

Préparation : 5 min
Cuisson : 20 min

12 figues
20 g de beurre
1 cuil. à soupe de miel
1 lobe de foie gras dénervé de 600 à 700 g
Fleur de sel, poivre

1 Préchauffez le four à 180 °C (th. 6).

2 Coupez les figues en quatre. Répartissez-les dans 4 mini-cocottes avec le beurre et le miel. Remettez les couvercles.

3 Enfournez pour 15 minutes et éteignez le four.

4 Coupez 4 belles tranches de foie gras, déposez-les dans une poêle bien chaude, laissez-les colorer 2 minutes de chaque côté, puis posez-les sur les figues.

5 Parsemez d'un peu de fleur de sel et de poivre. Servez les cocottes avec le couvercle afin de laisser la surprise à vos invités.

L'accord irrésistible de la figue et du foie gras vous rappellera les fêtes de fin d'année au coin du feu...

STAUB
STAUB

PINTADE AUX POMMES ET À LA CANNELLE

POUR 4 PERS.

Préparation : 30 min
Trempage : 1 h
Cuisson : 50 min environ

100 g de raisins secs
1,2 kg de reinettes
4 petits-suisses
3 pincées de cannelle moulue
1 pintade fermière
20 g de beurre mou
2 cuil. à soupe de sucre en poudre
1 pincée de gingembre en poudre
Le jus de 1 citron
Sel, poivre

1 Faites tremper les raisins secs pendant 1 heure dans un bol d'eau bouillante, puis égouttez-les sur du papier absorbant. Pelez et épépinez une des pommes. Râpez-la et mélangez-la aux petits-suisses, aux raisins secs et à une petite pincée de cannelle, salez et poivrez. Essuyez la pintade, à l'intérieur et à l'extérieur. Remplissez-la de la préparation précédente et maintenez l'ouverture fermée avec des piques en bois.

2 Versez 2 litres d'eau dans le panier d'un cuit-vapeur et amenez à ébullition. Malaxez le beurre mou avec une pincée de cannelle. Enduisez-en la pintade sur toute sa surface, salez et poivrez, puis enveloppez-la dans une grande feuille de papier sulfurisé : fermez hermétiquement, sans serrer, en repliant les bords. Placez la pintade dans le panier perforé, ajustez le couvercle et faites cuire 45 minutes.

3 Dans un saladier, mélangez le sucre, le gingembre, une pincée de cannelle, puis le jus de citron. Pelez et épépinez le reste des pommes. Coupez-les en cubes, puis placez-les dans le saladier et remuez pour les enrober. Déposez-les à côté de la pintade et faites cuire encore 5 à 6 minutes ; elles doivent être tendres mais fermes. Servez aussitôt.

LAPIN SAUTÉ AUX GIROLLES

POUR 4 PERSONNES

Préparation : 20 min
Cuisson : 1 h 05

1,2 kg de lapin
1 oignon
100 g de beurre
1 bouteille de cidre breton brut
1 bouquet garni
500 g de petites girolles fraîches
1 cuil. à café d'échalotes hachées
1 pointe d'ail haché
Quelques feuilles d'estragon
Sel, poivre

1 Préchauffez le four à 180 °C (th. 6). Découpez le lapin en huit morceaux. Pelez et coupez l'oignon en quatre. Faites revenir le tout avec la moitié du beurre, dans une cocotte en fonte, à feu vif.

2 Salez et poivrez. Ajoutez un verre de cidre. Détachez les sucs de cuisson à l'aide d'une spatule en bois. Laissez réduire. Ajoutez le bouquet garni, versez le cidre restant, couvrez et enfournez pour 50 minutes.

3 Ôtez le bout terreux des girolles et nettoyez-les soigneusement. Faites-les chauffer, à feu très doux à couvert, afin de leur faire rendre leur eau de végétation, puis faites-les réduire dans le reste du beurre avec l'échalote et l'ail. Salez et poivrez.

4 Aux deux tiers de la cuisson du lapin (30 à 35 minutes), ajoutez délicatement les girolles dans la cocotte.

5 Retirez les morceaux d'oignon et le bouquet garni. Disposez le lapin dans un plat creux, entourez de girolles et nappez de jus de cuisson. Parsemez de feuilles d'estragon pour décorer et servez.

POULET À LA CRÈME, TOPINAMBOURS ET CHAMPIGNONS

POUR 6 PERSONNES

Préparation : 30 min
Cuisson : 1 h

1 oignon
3 cuil. à soupe d'huile d'olive
1 poulet fermier coupé
en morceaux
1 bouquet garni
500-750 g de topinambours
500 g de champignons de Paris
50 g de beurre
40 g de farine de blé T65
20 cl de crème fraîche liquide
Le jus de ½ citron
Sel marin et poivre

1 Pelez et émincez l'oignon. Dans une cocotte, faites revenir dans 2 cuillerées à soupe d'huile d'olive les morceaux de poulet. Ajoutez l'oignon émincé et le bouquet garni. Versez environ 1 litre d'eau. Salez et poivrez. Portez à ébullition et laissez cuire doucement à frémissement pendant 40 minutes à couvert.

2 Pendant ce temps, épluchez les topinambours, coupez-les en morceaux et placez-les dans un saladier d'eau citronnée. Parez les champignons en ôtant la partie terreuse et en coupant la base du pied, puis coupez-les en quatre et faites-les revenir à feu vif dans une poêle avec l'huile d'olive restante en secouant régulièrement la poêle. Égouttez au besoin et réservez.

3 Au bout de 40 minutes de cuisson du poulet, ajoutez les topinambours et continuez à faire mijoter jusqu'à ce que les légumes soient tendres.

4 Retirez les topinambours et les morceaux de poulet et réservez-les au chaud. Filtrez le jus à travers un chinois. Dans une casserole, faites fondre le beurre, ajoutez la farine et remuez. Versez dessus petit à petit le jus de cuisson et fouettez : la sauce va épaissir. Ajoutez la crème fraîche et mélangez. Versez la sauce dans la cocotte, ajoutez les topinambours, les champignons et la viande, goûtez et rectifiez l'assaisonnement. Laissez mijoter quelques minutes et servez aussitôt.

RÔTI DE DINDONNEAU EN COCOTTE

POUR 6 PERSONNES

Préparation : 15 min
Cuisson : 45 à 50 min

1 oignon
1 gousse d'ai
2 cuil. à soupe d'huile
1 rôti de dindonneau
de 1 kg environ
50 g de beurre
150 g de petits lardons
10 cl de vin blanc sec
10 cl de bouillon de volaille
1 petit bouquet garni
400 g de petits champignons
de Paris
1 cuil. à soupe de persil plat ciselé
Sel, poivre

1 Épluchez et émincez l'oignon. Pelez la gousse d'ail.

2 Faites chauffer l'huile dans une cocotte et faites dorer le rôti sur toutes ses faces, en le retournant plusieurs fois. Retirez-le.

3 Jetez la graisse de cuisson et remplacez-la par 30 g de beurre. Ajoutez l'oignon, faites-le fondre 5 à 10 minutes à feu doux, puis remettez le rôti dans la cocotte. Répartissez les lardons autour et laissez-les rissoler 2 ou 3 minutes.

4 Versez le vin blanc et le bouillon, salez et poivrez, puis ajoutez le bouquet garni. Couvrez et faites mijoter 30 minutes à feu doux.

5 Pendant ce temps, préparez les champignons. Coupez l'extrémité sableuse, rincez-les, puis épongez-les. Laissez-les plus petits entiers et recoupez les autres en deux ou en quatre. Faites-les revenir quelques minutes à la poêle avec le reste de beurre, jusqu'à ce qu'ils soient dorés et que toute leur eau de végétation soit évaporée. Ajoutez-les au contenu de la cocotte et poursuivez la cuisson encore 15 à 20 minutes.

6 Enlevez les ficelles du rôti et coupez-le en tranches. Servez sur un plat chaud, avec la sauce et la garniture de champignons. Parsemez de persil au dernier moment.

VELOUTÉ DE CÉLERI-RAVE AUX COQUES MARINIÈRES

POUR 4 PERSONNES

Préparation : 10 min
Cuisson : 20 min

650 g de céleri-rave
4 échalotes
2 gousses d'ail
⅓ de botte de persil
70 g de beurre
300 g de coques
10 cl de vin blanc
Sel, poivre

1 Épluchez le céleri, les échalotes et l'ail. Coupez le céleri en morceaux. Hachez les échalotes, l'ail et le persil.

2 Versez dans une casserole le céleri, l'ail, la moitié des échalotes, 40 g de beurre et 1 l d'eau. Faites mijoter 20 minutes à partir de l'ébullition.

3 Versez dans une poêle les coques, les échalotes et le beurre restants, le vin blanc et le persil. Faites revenir à feu vif jusqu'à ce que toutes les coques s'ouvrent.

4 Mixez le contenu de la casserole avec du sel et du poivre. Versez dans 4 bols et ajoutez les coques par-dessus.

LINGUINE
AUX NOIX DE SAINT-JACQUES

POUR 4 PERSONNES (EN ENTRÉE)

Préparation : 5 min
Cuisson : 15 min
Conservation : 24 h au réfrigérateur

8 noix de saint-jacques
4 gousses d'ail
1 bouquet de basilic
1 poivron
300 g de tomates cerises
250 g de linguine
10 cl de vin blanc
20 ml d'huile d'olive + 1 filet pour le service
5 g de sel
4 ou 5 tours de poivre du moulin

1 Décoquillez les saint-jacques ou demandez à votre poissonnier de le faire, puis escalopez les noix en deux. Épluchez et hachez l'ail. Lavez et effeuillez le basilic. Enlevez le pédoncule du poivron, coupez-le en deux, retirez les graines et coupez-le en lanières. Lavez et coupez en deux les tomates cerises.

2 Dans une sauteuse suffisamment large pour contenir les linguine sans les casser, réunissez l'ail, les tomates cerises, le poivron, le basilic, le vin blanc, l'huile d'olive, les pâtes et recouvrez de 50 cl d'eau. Salez et poivrez.

3 Faites cuire à feu moyen, sans couvrir, et remuez fréquemment jusqu'à ce que les pâtes soient cuites (15 minutes environ). Dès la fin de la cuisson, coupez le feu, ajoutez les noix de saint-jacques et mélangez. Les saint-jacques vont cuire grâce à la chaleur des pâtes. Goûtez et rectifiez l'assaisonnement.

4 Répartissez les pâtes dans 4 bols, versez un filet d'huile d'olive et dégustez aussitôt.

Un plat festif, digne d'un grand chef, qui vous réchauffera les soirs d'hiver...

BLANQUETTE DE POISSON AUX SHIITAKÉS

POUR 4 PERSONNES

Préparation : 10 min
Cuisson : 45 min

8 carottes
1 échalote
1 cuil. à soupe d'huile d'olive
1 cuil. à soupe bombée de farine
1 verre de vin blanc sec
1 cube de bouillon de légumes
8 shiitakés frais (ou à défaut 250 g de champignons de Paris)
1 kg de poisson blanc de préférence à chair assez ferme (cabillaud, merlu, colin)
1 citron
20 cl de crème liquide légère
1 jaune d'œuf
1 cuil. à soupe de persil ciselé
Sel, poivre

1 Pelez et coupez les carottes en rondelles. Pelez et émincez l'échalote

2 Dans une sauteuse ou une cocotte, faites chauffer l'huile d'olive et mettez-y les carottes et l'échalote. Faites revenir 5 minutes. Saupoudrez de farine, mélangez bien et ajoutez le vin blanc. Remuez bien, le mélange s'épaissit. Versez 3 verres d'eau et ajoutez le cube de bouillon de légumes. Portez à ébullition, baissez le feu, couvrez et laissez mijoter 15 minutes.

3 Si vous avez trouvé des shiitakés, éliminez leur pied, rincez-les rapidement et essuyez-les, puis coupez-les en quatre. Sinon, éliminez la partie terreuse des pieds des champignons, rincez-les rapidement et coupez-les dans le sens de la longueur en deux ou en quatre selon leur taille. Mettez les champignons dans la sauteuse et poursuivez la cuisson 10 minutes en remuant de temps en temps.

4 Découpez le poisson en gros cubes et ajoutez-les à votre préparation. Faites cuire le tout 10 minutes. Évitez de remuer pour que le poisson ne s'émiette pas.

5 Pressez le citron, mélangez le jus avec la crème et le jaune d'œuf. Incorporez ce mélange à la blanquette, remuez, laissez mijoter 5 minutes de plus et servez dans des assiettes creuses en parsemant de persil ciselé. Salez si besoin et poivrez à votre convenance.

RÔTI DE PORC AUX FRUITS SECS

POUR 6 PERSONNES

Préparation : 35 min
Cuisson : 1 h 40

1 carotte
2 beaux oignons
1 belle gousse d'ail
2 cubes de bouillon de bœuf
3 cuil. à soupe d'huile d'olive
1,2 kg de filet de porc
1 verre de vin blanc sec
2 pincées de quatre-épices
200 g de lardons fumés
12 figues sèches moelleuses
200 g d'abricots secs moelleux
200 g de champignons de Paris bruns
Sel, poivre

Sucrés et fondants, les fruits secs apportent une touche gourmande et festive à ce plat. Un mijoté tout doux à partager !

1 Épluchez la carotte et les oignons, émincez-les ; pelez et hachez l'ail. Dans un bol, délayez les cubes de bouillon dans 15 cl d'eau.

2 Faites chauffer l'huile d'olive dans une cocotte allant au four, ajoutez la carotte et les oignons, laissez-les revenir à feu vif quelques minutes, puis baissez le feu et laissez cuire jusqu'à ce que les oignons soient translucides. Retirez-les et réservez.

3 Dans la même cocotte, faites dorer environ 10 minutes le filet de porc et réservez-le dans une assiette.

4 Versez ½ verre de vin blanc dans la cocotte, grattez avec une cuillère en bois pour déglacer et récupérer tous les sucs. Ajoutez le quatre-épices, les lardons, les carottes, les oignons et l'ail haché, salez, poivrez. Faites suer 2 minutes, en remuant.

5 Remettez le filet de porc dans la cocotte, arrosez du bouillon et du reste du vin blanc et portez à ébullition. Baissez aussitôt le feu et laissez cuire 30 minutes à feu doux et à couvert. Ajoutez alors les fruits secs et les champignons, et laissez frémir 20 minutes.

6 Préchauffez le four à 170 °C (th. 5-6). Déposez la cocotte sur la grille du four et laissez cuire 1 heure. Servez ce rôti avec des pommes vapeur ou des pâtes fraîches.

LAPIN
AUX PRUNEAUX

POUR 6 PERSONNES

Préparation : 30 min
Marinade : 12 h
Cuisson : 1 h 10

1 lapin en morceaux avec le foie
75 cl de vin rouge
10 cl de vinaigre de vin rouge
1 bouquet garni
12 grains de poivre
1 filet d'huile de tournesol
24 pruneaux
50 g de beurre
3 oignons
200 g de lardons maigres
2 cuil. à soupe de gelée
de groseilles
Sel, poivre

1 Réservez le foie du lapin au frais dans un bol avec un peu de vin. Faites mariner les morceaux de lapin 12 heures dans 50 cl de vin, le vinaigre, le bouquet garni, les grains de poivre concassés et un filet d'huile sur le dessus. Faites tremper les pruneaux dans le reste de vin.

2 Le lendemain, faites revenir les morceaux de lapin épongés dans une cocotte avec 30 g de beurre. Retirez-les, faites revenir à leur place les oignons émincés dans le reste de beurre, remettez les morceaux de lapin et ajoutez les pruneaux dénoyautés.

3 Faites réduire la marinade sur feu vif, puis versez-la sur le lapin dans la cocotte. Salez, poivrez et ajoutez les lardons. Couvrez et laissez mijoter 1 heure.

4 Ajoutez enfin le foie et le vin dans lequel il a mariné, salez et poivrez à nouveau. Égouttez les morceaux de lapin, les lardons et les pruneaux. Disposez-les dans un plat creux et posez le foie au milieu. Filtrez la sauce, liez-la avec la gelée de groseilles et nappez-en le plat.

SOUPE PIQUANTE AUX GAMBAS

POUR 4 PERSONNES

Préparation : 15 min
Cuisson : 30 min

24 grosses gambas décortiquées (gardez les têtes et les carcasses)
1 cuil. à soupe d'huile de colza
1 cuil. à soupe de pâte de curry orange
90 cl de bouillon de légumes
4 oignons nouveaux émincés
4 cives émincées
2 bâtons de citronnelle coupés en tronçons
1 cuil. à soupe de nuoc-mâm
1 cuil. à soupe de citron vert
4 tiges de coriandre effeuillées

1 Dans une casserole à feu moyen, faites revenir les têtes et les carcasses des gambas dans l'huile pendant 5 minutes, en remuant régulièrement.

2 Ajoutez la pâte de curry, le bouillon, mélangez et laissez cuire 20 minutes.

3 Filtrez le bouillon et reversez-le dans la casserole ; ajoutez les gambas, les oignons, les cives, les bâtons de citronnelle, le nuoc-mâm, le jus de citron et la coriandre, puis laissez cuire 5 minutes à feu moyen.

COCHON DE LAIT AU CARAMEL AU BEURRE SALÉ

POUR 4/5 PERSONNES

Préparation : 15 min
Cuisson : 2 h 10

1 petit carré de cochon de lait ou à défaut un carré de porc
50 g de beurre + 20 g
2 cuil. à soupe d'huile d'olive
4 cuil. à soupe bombées de crème de caramel au beurre salé
500 g de carottes
2 tranches de pain d'épice
Sel, poivre

1 Préchauffez le four à 170 °C (th. 6).

2 Dans une grande cocotte, faites dorer le cochon de lait de tous côtés dans 50 g de beurre et l'huile d'olive. Salez et poivrez. Couvrez la cocotte et enfournez pour 2 heures. Arrosez et retournez régulièrement la viande.

3 Environ 20 minutes avant la fin de la cuisson, ajoutez la crème de caramel dans la cocotte.

4 Pendant ce temps, épluchez et coupez les carottes en quatre. Dans une petite cocotte, faites fondre les 20 g de beurre restants, ajoutez les carottes, émiettez le pain d'épice, couvrez, enfournez et laissez confire les carottes pendant 1 heure. Mélangez une fois ou deux les carottes pendant la cuisson.

5 Servez le cochon de lait et les carottes avec une polenta crémeuse.

Existe-t-il plaisir plus régressif que le caramel au beurre salé ? Associé ici à une recette salée, il régale les papilles en sublimant le cochon de lait.

FILET MIGNON À L'ANANAS ET AU GINGEMBRE

POUR 4 PERSONNES

Préparation : 20 min
Cuisson : 50 min
Marinade : 1 h

2 filets mignons de porc
2 cuil. à soupe d'huile d'olive
30 g de beurre
1 boîte d'ananas en tranches

Pour la marinade
20 cl de jus d'ananas
½ pot de confiture d'ananas
1 cuil. à soupe de gingembre moulu ou frais râpé
2 cuil. à soupe de sauce de soja
2 cuil. à soupe de miel
1 cuil. à soupe de moutarde

Pour accompagner
320 g de semoule
20 feuilles de menthe
1 pincée de cumin en poudre
Beurre

1 Mélangez tous les ingrédients de la marinade, déposez-y les filets mignons et laissez reposer 1 heure en retournant et en arrosant une ou deux fois la viande.

2 Dans une cocotte, faites chauffer l'huile et 20 g de beurre, ajoutez les filets mignons égouttés et faites-les dorer sur toutes leurs faces. Versez la marinade, couvrez et laissez mijoter à feu doux pendant 35 minutes. Si la sauce est trop liquide, découvrez et laissez réduire afin d'obtenir une sauce brillante et sirupeuse.

3 Pendant ce temps, dans une poêle, faites dorer les tranches d'ananas égouttées dans le reste de beurre, puis ajoutez-les dans la cocotte. Laissez mijoter 10 minutes avant de servir.

4 Servez dans la cocotte, accompagné d'un plat de semoule de couscous dans laquelle vous aurez ajouté une vingtaine de feuilles de menthe hachées, une pointe de cumin et un peu de beurre.

Alerte repas cosy pour amoureux transis ! Lorsque vous l'aurez goûté, vous ferez de ce plat un de vos grands classiques : la viande de porc se marie à merveille avec le gingembre et l'ananas...

40
35

DOUCEURS FONDANTES AU COIN DU FEU

STAUB
STAUB

RIZ AU LAIT ET SAUCE AU CHOCOLAT NOIR

POUR 5/6 PERSONNES

Préparation : 15 min
Cuisson : 45 min

130 g de riz rond
1 l de lait entier frais
100 g de sucre en poudre, roux ou blanc
1 bâton de cannelle
1 gousse de vanille
40 g de pastilles au chocolat noir
2 cuil. à soupe de crème fleurette

1 Rincez le riz à l'eau claire. Faites-le cuire 1 minute à l'eau bouillante puis égouttez-le.

2 Versez le lait dans une cocotte, ajoutez le sucre, le bâton de cannelle et la gousse de vanille fendue en deux et grattée. Versez le riz en pluie et faites cuire à feu très doux en remuant très régulièrement, pendant 40 minutes environ.

3 Goûtez et prolongez la cuisson du riz en fonction de la consistance et du moelleux souhaité. Ôtez la gousse de vanille et le bâton de cannelle, laissez refroidir le riz au lait dans la cocotte ou versez-le dans des mini-cocottes pour personnaliser votre présentation.

4 Faites fondre le chocolat au micro-ondes, ou dans une casserole, avec la crème fleurette, juste avant de servir le riz au lait. Laissez vos invités se servir et ajoutez 1 cuillerée de sauce au chocolat sur leur riz au lait.

5 Attention, le riz continue d'absorber le lait en refroidissant : si vous souhaitez un riz très onctueux, dégustez-le tiède ou ajoutez un peu plus de lait. Vous pouvez aussi réchauffer le riz au lait, dans sa cocotte fermée, 15 minutes au four préchauffé à 120 °C (th. 5).

QUATRE-QUARTS AUX POMMES EN COCOTTE

POUR 6 PERSONNES

Préparation : 10 min
Cuisson : 45 min

6 pommes
2 cuil. à soupe de beurre
3 cuil. à soupe de sucre

Pour la pâte
4 gros œufs
Beurre mou, sucre et farine, en mêmes quantités que les œufs, soit environ 240 g chacun
1 pincée de sel

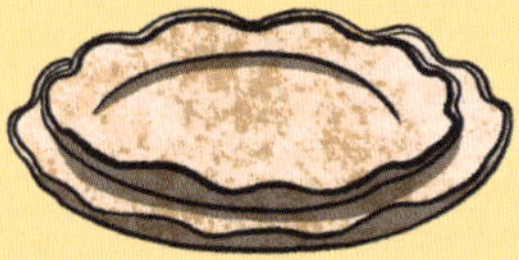

1 Épluchez et coupez les pommes en quartiers. Faites-les dorer quelques minutes dans une cocotte avec le beurre en les retournant régulièrement.

2 Dès qu'elles commencent à blondir, saupoudrez-les de sucre, baissez le feu et laissez- les caraméliser légèrement. Éteignez le feu.

3 Battez ensemble dans un saladier les œufs entiers, le sucre et le sel jusqu'à ce que le mélange mousse, ajoutez la farine, puis le beurre ramolli mais non fondu. Préchauffez le four à 180 °C (th. 6).

4 Retirez les pommes de la cocotte, nettoyez-la puis beurrez-la généreusement. Versez la moitié de la pâte, ajoutez les pommes et recouvrez du reste de pâte.

5 Enfournez pour 40 minutes environ. Vérifiez la cuisson en testant avec la lame du couteau qui doit ressortir sèche. Servez tiède dans la cocotte. Pour les quantités de beurre, sucre et farine, pesez les œufs sans les coquilles puis pesez le même poids de chaque ingrédient.

Vous ne verrez plus jamais le quatre-quarts de la même manière. Dans la cocotte, il gonfle et dore tout à son aise. Il disparaîtra en un clin d'œil...

MINI-CRUMBLES
POIRES CHOCOLAT

POUR 4 PERSONNES

Préparation : 10 min
Cuisson : 30 min

100 g + 1 noix de beurre
100 g de farine
100 g de sucre en poudre
3 poires
50 g de chocolat noir

1 Dans un saladier, travaillez ensemble le beurre, la farine et le sucre, du bout des doigts, pour obtenir une pâte sableuse.

2 Beurrez le fond et les parois de 4 mini-cocottes.

3 Épluchez les poires, coupez-les en dés et répartissez-les dans les cocottes. Concassez le chocolat en petits morceaux et mélangez-le avec les poires.

4 Recouvrez le tout de pâte à crumble. Préchauffez le four à 180 °C (th. 6).

5 Enfournez pour 30 minutes environ. Le dessus du crumble doit être croustillant et doré. Laissez refroidir 10 minutes afin de déguster sans vous brûler !

Cette recette peut également être réalisée avec des bananes.

COULANT AU CHOCOLAT AU PIMENT D'ESPELETTE

POUR 6 PERSONNES

Préparation : 5 min
Repos : 30 min à 1 h
Cuisson : 15 à 20 min

200 g de chocolat noir
200 g + 1 noix de beurre
200 g de sucre en poudre
5 œufs
15 g de farine
Quelques pincées de piment d'Espelette

1 Faites fondre dans une casserole le chocolat coupé en morceaux à feu doux avec le beurre. Coupez-le feu, ajoutez le sucre puis les œufs un par un, la farine et deux pincées de piment d'Espelette.

2 Beurrez légèrement 6 mini-cocottes et remplissez-les du mélange obtenu. Placez-les au réfrigérateur 30 minutes à 1 heure. Préchauffez le four à 180 °C (th. 6).

3 Faites cuire les cocottes sans couvercle 10 à 15 minutes, jusqu'à l'apparition d'une croûte sur le dessus des gâteaux. Servez à la sortie du four, accompagné d'une boule de glace à la vanille ou d'une crème anglaise.

4 Testez cette recette une première fois avant de la servir à vos invités afin de mesurer exactement le temps de cuisson adapté à votre four.

Chocolat et piment d'Espelette feront monter la température pour un dessert cosy caliente ultra-régressif...

MINI-FONDUE AU TOBLERONE®

POUR 4 PERSONNES

Préparation : 5 à 10 min
Cuisson : 5 à 10 min

1 grappe de raisin
1 clémentine
150 g de Toblerone®
4 cuil. à soupe de crème fleurette
4 madeleines

1 Égrenez le raisin. Pelez la clémentine et séparez les quartiers.

2 Répartissez le Toblerone® et la crème dans 2 mini-cocottes.

3 Faites fondre à feu très doux. Si le résultat vous semble trop épais, ajoutez un peu de crème fleurette pour obtenir une crème au chocolat onctueuse.

4 Servez immédiatement accompagné des madeleines et des fruits que vous tremperez dans le Toblerone®.

PÂTE DE POMMES AU MIEL

POUR 1 POT DE 300 G ENVIRON

Préparation : 5 min
Cuisson : 30 min

400 g de pommes golden
1 cuil. à soupe de jus de citron
35 g de miel
½ cuil. à café de cannelle
35 g de sucre en poudre

1 Pelez les pommes et coupez-les en moreaux. Mettez-les dans une casserole avec 2 verres d'eau et le jus de citron. Portez à ébullition, puis baissez à feu moyen et laissez mijoter jusqu'à ce que les pommes soient tendres, soit 20 minutes environ.

2 Égouttez les pommes et réduisez-les en purée à l'aide d'un presse-purée ou d'un mixeur.

3 Versez la purée ainsi obtenue dans une casserole à bord haut (pour vous protéger des projections) avec le miel, la cannelle et le sucre. Laissez mijoter 10 minutes sans cesser de remuer.

4 Stérilisez un pot en le plongeant, ainsi que son couvercle, dans une marmite remplie d'eau. Portez à ébullition et maintenez ainsi 5 minutes. Sortez ensuite le pot et déposez-le à l'envers sur un linge propre. Laissez-le complètement sécher.

5 Transvasez la purée de pommes dans le pot, fermez-le et retournez-le. Laissez refroidir. Une fois que le pot est ouvert, conservez-le au frais et consommez dans les 15 jours.

Parions que cette pâte de pommes au miel ne fera pas long feu... Dégustez-la sur des petits-beurre ou des gaufres chaudes : un délice !

TAJINES DE PRUNEAUX AUX NOIX

POUR 4 PERSONNES

Préparation : 20 min
Cuisson : 15 à 20 min

400 g de pruneaux moelleux
200 g de cerneaux de noix (ou autant que de pruneaux)
25 cl de jus d'orange frais
1 cuil. à soupe d'eau de fleur d'oranger
2 cuil. à soupe de sucre
½ à 1 cuil. à café de cannelle moulue

1 Si les pruneaux ne sont pas dénoyautés, incisez-les sur le côté sans séparer les deux moitiés et retirez les noyaux. Glissez un cerneau de noix à l'intérieur. Rangez-les au fur et à mesure dans des mini-tajines ou des mini-cocottes.

2 Versez le jus d'orange et l'eau de fleur d'oranger, saupoudrez de sucre et amenez à légers frémissements. Couvrez et laissez mijoter 15 à 20 minutes à feu aussi doux que possible. Arrosez de temps en temps avec le jus de cuisson.

3 Retirez du feu et saupoudrez de cannelle. Laissez tiédir et servez à température ambiante.

COMPOTE DE FRUITS AUX CHOUCHOUS

POUR 4 PERSONNES

Préparation : 15 min
Cuisson : 30 min

1 gousse de vanille
1 poignée de chouchous
6 abricots secs
800 g de fruits frais (ici 2 pommes et 2 poires)
2 étoiles de badiane (anis étoilé)

1 Fendez la gousse de vanille en deux et prélevez les graines à l'aide de la pointe d'un couteau. Concassez les chouchous et les abricots secs.

2 Épluchez, videz et coupez les fruits en morceaux. Placez-les dans une casserole avec 15 cl d'eau, la badiane ainsi que la gousse et les grains de vanille.

3 Faites mijoter pendant 30 minutes puis enlevez la gousse de vanille et la badiane.

4 Parsemez les fruits cuits de chouchous concassés et d'abricots secs avant de servir.

SEMOULE AU LAIT DE NOISETTE ET AUX CRANBERRIES

POUR 6 PERSONNES

Préparation : 5 min
Cuisson : 10 min
Repos : 20 min

1 gousse de vanille
1 l de lait de noisette
60 g de sucre
100 g de semoule moyenne
150 g de cranberries séchés
1 pincée de sel

1 Fendez la gousse de vanille en deux et prélevez les graines en grattant l'intérieur avec la pointe d'un couteau. Versez le lait de noisette, le sucre, les graines de vanille et la pincée de sel dans une casserole, et portez à ébullition en mélangeant régulièrement avec une cuillère en bois.

2 Baissez le feu et versez la semoule en pluie en mélangeant constamment. Laissez cuire à feu doux pendant 5 minutes sans cesser de remuer : la semoule va cuire et s'épaissir. Le fait de remuer pendant la cuisson évite d'avoir des grumeaux. Hors du feu, ajoutez les cranberries séchés. Mélangez pour bien les répartir et versez la préparation dans des petits ramequins.

3 Placez les ramequins sur une grille et laissez-les tiédir à température ambiante. Vous pouvez déguster les semoules tièdes ou froides selon vos préférences.

Chaque cuillerée de ce dessert est un plaisir coupable à elle seule… à déguster au coin du feu ou blotti sous un plaid !

PUDDING AU CHOCOLAT NOIR

POUR 4 PERSONNES

Préparation : 7 min
Cuisson : 15 min

35 g de semoule fine de blé dur
35 g de sucre de canne blond
15 g de tapioca
85 g de pépites de chocolat noir
50 cl de lait de vache ou de lait végétal

1 Versez tous les ingrédients dans un saladier, sauf le lait.

2 Dans une grande casserole, portez le lait à ébullition. Versez le contenu du saladier dedans et mélangez. Faites cuire 12 minutes à feu doux en remuant de temps en temps au fouet.

3 Répartissez le pudding au chocolat dans 4 ramequins et dégustez tiède ou froid.

CRÈMES RENVERSÉES AU CITRON

POUR 4 PERSONNES

Préparation : 10 min
Infusion : 10 min
Réfrigération : 3 h
Cuisson : 35 min

40 cl de lait demi-écrémé
1 citron vert (non traité de préférence)
3 œufs
30 g de sucre blond de canne
4 cuil. à café de caramel naturel

1 Préchauffez le four à 150 °C (th. 5). Versez le lait dans une casserole et râpez le zeste du citron au-dessus. Portez à ébullition à feu moyen, puis retirez du feu et laissez infuser 10 minutes.

2 Pendant ce temps, pressez le citron pour recueillir son jus et versez-le dans un saladier. Ajoutez les œufs et le sucre, puis mélangez. Versez le lait infusé dans le saladier, en filtrant (pour éliminer le zeste), et mélangez au fouet.

3 Déposez 1 cuillerée à café de caramel au fond de 4 ramequins, puis versez la crème par-dessus. Disposez les ramequins dans un plat à four et versez-y de l'eau chaude aux trois quarts de leur hauteur. Enfournez pour 30 minutes environ. Vérifiez la cuisson en enfonçant une pointe de couteau dans une crème : elle doit ressortir propre. Laissez refroidir, puis réservez au moins 3 heures au réfrigérateur. Servez-frais.

CLAFOUTIS AUX QUETSCHES ET AUX AMANDES

6 PERSONNES

Préparation : 10 min
Cuisson : 40 min

3 œufs
50 g de sucre blond de canne
80 g de farine de blé T65 ou de farine de riz complet
30 g de poudre d'amandes
Quelques gouttes d'extrait d'amande amère (facultatif)
30 cl de lait demi-écrémé (ou boisson aux amandes type Bjorg®)
1 noix de margarine spécial cuisson
300 g de quetsches dénoyautées (soit 500 g brut environ)
2 cuil. à soupe d'amandes effilées

1 Préchauffez le four à 180 °C (th. 6).

2 Dans une terrine, fouettez les œufs avec le sucre. Ajoutez la farine, la poudre d'amandes et, si vous le souhaitez, l'extrait d'amande. Mélangez bien. Puis incorporez progressivement le lait.

3 Graissez un moule à gratin avec la margarine. Disposez les oreillons de quetsches sur le fond, côté bombé dessus. Recouvrez-les de la préparation aux amandes puis saupoudrez les amandes effilées. Enfournez pour 40 minutes environ : le clafoutis est cuit lorsque le pourtour est pris et que le centre commence à prendre. Servez tiède ou froid.

Installez-vous confortablement dans votre fauteuil et savourez chaque bouchée de cette recette qui fleure bon la campagne et les généreux plats de nos grands-mères...

TABLE DES RECETTES

IRRÉSISTIBLES CLASSIQUES POUR SE RÉCHAUFFER 7

PETITS MIJOTÉS 100 % COSY & VEGGIE 41

SAVEURS DU MONDE PARFUMÉES & RÉCONFORTANTES ... 69

MIJOTÉS À PARTAGER UN SOIR DE FÊTE ... 103

DOUCEURS FONDANTES AU COIN DU FEU ... 131

INDEX DES RECETTES

CRÉDITS

Textes :
Dorian Nieto : 8, 16, 24, 31, 80, 88, 100, 124 ; Stéphanie Jouan : 11, 64, 119 ; Régine Teyssot : 12, 120 ; Émilie Laraison : 15, 91, 149 ; Véronique Cauvin : 19, 32, 70, 72, 75, 76, 96, 104, 116, 127, 128, 133, 134, 137, 138, 141 ; Sylvie Girard-Lagorce : 20, 28, 36, 108, 123 ; Françoise Zimmer : 23, 99 ; Céline de Cérou : 27, 53, 63 ; Véronique Liégeois : 35, 42, 50, 57, 67 ; Solveig Darrigo-Dartinet : 39, 153, 154 ; Vincent Amiel : 45, 46, 49, 54, 61, 79, 115, 146 ; Céline Mennetrier : 58, 111, 150 ; Martine Lizambard : 83, 84, 107, 112, 145 ; Bouchra Atita : 87 ; Grégoire Osoha / Emilia Valente : 92 ; Julie Bocage : 95 ; Karen Fingerhut : 142.

Photographies & stylisme :
Éric Fénot / Delphine Brunet : 9, 38, 109, 152, 155 ; Stéphanie Jouan : 10, 65, 118 ; Guillaume Czerw / Sophie Dupuis-Gaulier : 13, 121 ; Émilie Laraison : 14, 90, 106, 148 ; Dorian Nieto : 17, 25, 30, 81, 89, 101, 125 ; Bernard Radvaner : 18, 33, 71, 73, 74, 77, 82, 85, 105, 126, 129, 132, 135, 136, 139, 140, 144 ; Pierre Chivoret / Alexia Janny : 21, 29, 37, 123 ; Jean Bono / Emmanuel Renault : 22, 98 ; Céline de Cérou : 27, 52, 62 ; Valéry Guedes : 34, 51, 66, 110 ; Amandine Honegger / Sylvie Rost : 43, 56, 59, 93 ; Claire Payen / Vincent Amiel : 44, 47, 48, 55, 60, 78, 114, 147 ; Amélie Roche / Sandra Schumann : 86, 97, 117 ; Nathalie Carnet / Manuella Chantepie : 94 ; Guillaume Czerw / Natacha Arnoult : 113 ; Valéry Guedes / Chae Rien Vincent : 143 ; Marie-José Jarry / Motoko Okuno : 151.

Illustrations de Maelys Chay

Direction : Didier Férat
Direction éditoriale : Fanny Ecochard-Martin
Direction artistique : Studio Pekelo
Mise en pages : Vincent Fraboulet
Relecture : Le Livre d'Après / Isabelle Raimond
et Sophie Greloux
Photogravure : Chromostyle
Fabrication : Laurence Duboscq

92, avenue de France, 75013 Paris, France
Tél : 01 44 16 09 00
Courriel : contact_solar@edi8.fr
Site Internet : www.lisez.com

Code éditeur : L19414/01
Dépôt légal : janvier 2026
ISBN : 978-2-263-19414-6
Imprimé en France par Pollina - 503247